Die wichtigsten Paragraphen

des

deutschen Umsatzsteuergesetzes

für den Versandhandel

Teil 1

C.M. Chacatté, Dipl. BetrW., DipFM (ACCA)

Inhaltsverzeichnis

Ziel dieses Teils

Die deutschen Versandhändler befinden sich in einer Zwickmühle. Desgleichen gilt für die österreichischen und schweizerischen Versandhändler, genau wie diejenigen des restlichen Europas, da sie sich derzeit in einer Wettbewerbssituation befinden, die von sich verschärfenden Bedingungen gekennzeichnet ist. Im Zuge der Globalisierung der Märkte müssen sie sich auf die internationale Konkurrenz einstellen und gleichzeitig international Märkte erschließen.

Damit nicht genug, die Bürde der Umsatzsteuer, die vielen noch nichteinmal vollständig bekannt ist, muss auch noch getragen und bewältigt werden.

Im folgenden Kapitel liste ich zunächst die vertiefenden Kapitel auf, die im zweiten Teil ausführlich behandelt werden. Daran anschließend die Liste der wichtigsten Paragraphen, die auch im zweiten Teil praktisch behandelt werden.

Wertschöpfungspartnerschaften können eine große und sinnvolle Hilfe im Konkurrenzkampf sein. Ziel einer solchen Partnerschaft ist in letzter Konsequenz eine Verbesserung der Rentabilität. Diese resultiert aus den Wettbewerbsvorteilen, die durch die Zusammenarbeit mit dem/n adäquaten Partner(n) erzielt werden. Oftmals wird die Zusammenarbeit mit einer Beratungsgesellschaft euphemistisch „Partnerschaft" genannt. Dies ist natürlich nicht vollkommen richtig, da es sich letztenendes um ein bloßes

Kundenverhältnis handelt. Nichts desto trotz verhilft eine Partnerschaft/Zusammenarbeit mit einer Umsatzsteuerberatungsgesellschaft dazu, sich angesichts der o.g. Wettbewerbsbedingungen verstärkt dem Kerngeschäft zuzuwenden und in diesem die vorhandenen Stärken gezielt zu verbessern.[1]

Zunehmende Verkürzung von Produktlebenszyklen bedeutet dass die Anzahl von Umsatzteuerberechnungen und die Einpflege ins Warenwirtschaftssystem eine entsprechend wachsende Rolle spielt, die korrellierend mehr Zeit und Konzentration-, sowie bezahlte Arbeitszeit in Anspruch nimmt, für die Fachleute eingestellt werden müssen, die sich vorzugsweise auf die Umsatzteuer spezialisiert haben sollten und nicht nur, wie im traurigerweise Normalfall, Umsatzsteuer als ein unterbewertetes und unterschätztes Nebenfach unter „ferner liefen" behandelen.

Kleine Unternehmen, die gerade erst den Schwellenwert einiger weniger Länder zu überschreiten drohen, wählen fast ausschließlich Billiganbieter. Diese werden im Teil 2 behandelt werden. Unter Zuhilfenahme derer „Beratung", deren Ausmaß regelmäßig überschätzt wird, meinen sie den genannten Marktbedingungen tatsächlich erfolgreicher begegnen zu können und meinen ihre Wettbewerbsfähigkeit zu halten- oder sogar zu erhöhen (man spart ja letztenendes auch Geld). Eine Wertschöpfungspartnerschaft könnte bspw. dazu verhelfen, dass sich auch ein KMU eine kompetentere (und deswegen häufig teurere) Umsatzteuerberatungsgesellschaft leisten könnte. Das muss nicht eine der

---

[1] Vgl. Hopfenbeck, W., a.a.O., S. 185 und 561

weltgrößten sein, die teure Stundensätze berechnen (Praxisbeispiel: 2 Stunden, falls Sie für 62 Minuten sprechen...!).

Große Unternehmen haben i.d.R. spezialisiertes Fachpersonal und wiegen sich damit regelmäßig in Sicherheit. Sie vergessen fast durchgängig, dass sich die Umsatzsteuergesetzgebung mehrmals im Jahr verändern kann und es deswegen absolut vonnötten ist, fortlaufend am Ball zu bleiben.

Die wichtigsten Paragraphen im innergemeinschaftlichen Warenversandhandel

§1 Abs 1 #4

§ 1a Abs 2

§ 1a Abs 3 #1a bis d

§ 1 Abs 1#5

§ 3d Abs 1

§ 3 Abs 1a

§ 4 #1

§ 4b

§ 6a Abs 2

§ 10 Abs 4#1

§ 13 Abs 1 #6

§ 11, 1

§ 12, 1, 2#1

§ 13b

§ 14a

§ 15 Abs 3#1

§ 18a, b

§ 21,2

§ 22

§ 25b

Auch § 17a, c UStDV

Themengebiete des zweiten Teils

1. Umsatzsteuerliche Problematik für den deutschen Versandhandel
2. Konzeptionen von Wertschöpfungspartnerschaften für den deutschen Versandhandel
3. Wirtschaftliche Rahmenbedingungen für Wertschöpfungspartnerschaften für den deutschen Versandhandel
4. Grundlagen für die Konzeption von Wertschöpfungspartnerschaften für den deutschen Versandhandel
5. Chancen von Wertschöpfungspartnerschaften für den deutschen Versandhandel
6. Ermittlung der Kernkompetenzen
7. Ermittlung eines adäquaten Partners für eine Wertschöpfungspartnerschaft
8. Ermittlung auf Basis strategischer Kriterien
9. Ermittlung mit betriebswirtschaftlichen Instrumenten
10. Erhöhung des Stake- und Shareholdervalue durch Wertschöpfungspartnerschaften für den deutschen Versandhandel
11. Wachstum mit vermindertem Kapitalrisiko für den deutschen Versandhandel
12. Reduktion der Kosten
13. Liquiditätsvorteil
14. Verbesserte Kosten- und Nutzentransparenz
15. Qualitätsverbesserung
16. Wertschöpfungspartnerschaft oder Akquisition/Fusion?

Umsatzsteuerfachpersonal

Mindestkenntnisstand von qualifiziertem Umsatzsteuerfachpersonal

Gern wird enthusiastisch behauptet, man kenn sich mit dem Umsatzsteuergesetz aus. Wie mit allem Wissen, so veraltet auch das Umsatzsteuerwissen; letzteres sogar noch schneller.

Zum <u>aktuellen</u> (hier stets auf dem Laufenden halten!) Mindestkenntnisstand im Zusammenhang mit dem UStG ehört:

1. Besonderheiten des Inlands gegenüber dem Ausland
2. Entgelt
3. Lieferung
4. Sonderfälle der Lieferung
5. Innergemeinschaftliches Verbringen
6. Unentgeltliche Lieferungen
7. Kommission
8. Werklieferung
9. Gehaltlieferung
10. Leasing und Mietkauf
11. Sonstige Leistung
12. Sonderfälle der sonstigen Leistung
13. Restaurationsumsätze
14. Unentgeltliche sonstige Leistungen

Rechnet sich hausinternes Umsatzsteuerpersonal?

Vorzugsweise sollte 4 Mal im Jahr geschult werden. Wieviele Mitarbeiter sind wirklich mit Registrierungen beschäftigt? Gehälter lassen sich leicht ausrechnen, aber wie sieht es mit dem Zeitaufwand aus? Optimierung von Arbeitsabläufen ist allgemein immer ein Thema, aber wieviel läßt sich noch optimieren? Einige Aktivitäten müssen fortlaufend ausgeführt werden und die jeweiligen Finanzämter setzen fest, wann was passieren muss, darauf haben Sie also nur begrenzt- oder gar keinen Einfluss.

Auslagerung von Tätigkeiten, insbesondere kernkompetenzenfremde, kann sehr sinnvoll sein. Outsourcing hat auch Nachteile. Einige werden nachher noch genannt. Wenn Sie meinen, es kann für Sie sinnvoll sein, eine spezialisierte Beratungsgesellschaft mit der Erledigung der mit der Umsatzsteuer einhergehenden Administration zu betrauen, wäre es ratsam, die Vorteile den Nachteilen gegenüberzustellen und abzuwägen. Wie sieht es mit dem Auslastungsgrad der betreffenden Mitarbeiter aus? Nicht nur jetzt, sondern auch unter berücksichtigung der prognostizierten Geschäftsentwicklung. Bei steigendem Auslandsumsatz fällt korrellierend mehr Arbeit an. Wenn mehr aus ländische Registrierungen bearbeitet werden müssen, muss dann noch eine zusätzliche Kraft eingestellt werden?

Vielleicht nicht ganz offensichtlich ist, dass die Leitung des Rechnungswesen nicht unbedingt die sinnvollste Anlaufstelle ist, die

Antwort auf o.g. Fragen herauszufinden. Diejenigen, die tatsächlich mit der Tagesroutine beschäftigt sind wissen viel besser Bescheid, wie belastet sie sind und wieviel mehr Arbeit noch bewältigbar ist. Diejenigen, die sich in der Praxis mit dem Ausfüllen – und der evtl. notwendigen Übersetzung! – herumschlagen müssen, haben oftmals eine andere Meinung darüber, wie zeitraubend das in Wirklichkeit ist. Es ändert sich andauernd etwas und dann gibt es Ausnahmen und dann Ausnahmen zu den Ausnahmen.

Expansion

Aus weitung des Geschäfts hört sich natürlich immer gut an, steigender Umsatz ist gut, steigender Gewinn noch besser. Eine solche Geschäftsentwicklung zieht eine korrellierende Umsatzsteuerbelastung mit sich; zum einen die Höhe des Geldes und zum anderen die Höhe des Volumens der administrativen Anforderungen. Sicherlich überlappen sich einige Tätigkeiten und viele gesetzliche Bestimmungen gleichen sich auch landesübergreifend, aber nicht alle.

Alls erstes gilt es folgendes zu Bedenken:
1. Verkaufen Sie an Privatendkonsumenten oder an Geschäfte?
2. Wie hoch ist der entsprechende Auslandsumsatz?

Gleich im Anschluss gilt es sich zu überlegen, wer mit diesen MwSt-Registrierungen betraut ist. Machen Sie das selbst? Hausintern? Wieviel können die Mitarbeiter noch bewältigen? Noch ein Land? Noch zwei Länder? Ab wann wäre es sinnvoll, die Tätigkeit auszulagern und sich auf das Kerngeschäft zu konzentrieren?

Wie gut können sich diejenigen, die Sie derzeit mit den umsatzsteuerlichen Aufgaben betrauen mit

- allen Aspekten die Umsatzsteuer-Compliance betreffend befassen?
- Fragen und Problemen auseinandersetzen?
- Informationsersuchen und Prüfungen aussprechen (kompetent)?
- praxisorientierte Empfehlungen hinsichtlich Registrierungs- und Compliance-Anforderungen bewältigen?
- Daten korrekt, gesetzeskonform verwalten?
- Vorsteuervergütungsanträge unter Berücksichtigung der gesetzlichen Vorschriften korrekt abwickeln (das wird häufig kompliziert, wenn Sie ausländische Sub-Unternehmer einschalten oder auch bei Dreiecksgeschäften)?

Je tiefer Sie in die Matrie einsteigen und je mehr dieser Fragen Sie den Beratern undVerkäufern von beratungsgesellschaften stellen, die sich bei Ihnen als Lösungsbringer vorstellen, deste eher trennt sich die Spreu vom Weizen. Behalten Sie immer im Hinterkopf, dass die Berater auf jeden Fall ihr Beratungshonorar verdienen, gleichgültig, ob Sie zu Strafen und Strafzinszahlungen herangezogen werden.

Sehr oft hört man vom Bauchgefühl und das Freunde und Verwandte sowie auch Geschäftspartner sich von diesem leiten lassen und damit angeblich auch immer gut fahren. Meiner Erfahrung nach trifft dies nicht bei der Auswahl von Unternehmenssteuerberatungsgesellschaften zu. Hier geht es allein um den Preis. Das verwundert eigentlich. Wir wissen alle, dass wir i.d.R. einen besseren Wein bekommen, wenn wir mehr ausgeben und ein besseres Hotelzimmer, wenn das Hotel mehr Sterne hat usw. Bei Flugzeugen wird es schon etwas schwieriger, weil die Unterschiede hier kleiner sind; denn letztenendes kommen wir (hoffentlich) mit der einen Maschine genauso am Zielort an, wie mit der anderen. Das ist bei Umsatzsteuerberatungsgesellschaften auch wieder anders. Hier wird Ihnen das versprochen und da das.

Hinterfragen Sie kritisch wie es mit der tatsächlichen Registrierungsleistung aussieht.

- Wird Ihnen eine ausführliche Liste der Informationen und Dokumente, die für die umsatzsteuerliche Registrierung in den einzelnen Ländern benötigt werden gegeben?

- Werden die Informationen und Dokumente und Bestätigung nach Vollständigkeit seitens der Beratungsgesellschaft überprüft?

- Falls Sie brauchen, können Sie On-Line Beratung anfordern?

- Werden die notwendigen Antragsformulare von Ihrer Beratungsgesellschaft ausgefüllt?

- Werden Ihre Registrierung nachverfolgt?

- Werden mögliche Routineanfragen der Steuerbehörden von Ihrer Bertaungsgesellschaft bearbeitet?

- Wird Ihnen sofort Rückmeldung bei Erteilung der USt.-Nummer und Übersendung der von der örtlichen Behörde ausgestellten Registrierungsbescheinigung für Ihre Akten gegeben?

- Erhalten Sie/haben Sie Anspruch auf Mitteilung der Einreichintervalle und Fälligkeitsdaten der USt.-Erklärungen und aller folgenden Erklärungen, sowie der Fälligkeitsdaten für Zahlungen, die im Zusammenhang mit USt-Erklärungen entstehen können?

- Werden Ihnen detaillierte Informationen zu umsatzsteuerlichen Vorschriften bei der Ausstellung von Rechnungen in den einzelnen Ländern bereitgestellt?

Wie sieht es mit den Compliance Leistungen aus?

- Werden Ihnen Warnungen zum Monatsende zugesandt?
- Erhalten Sie Hinweise auf Erklärungen, die im folgenden Monat fällig sind?
- Wird Ihnen gesagt, welche Einreich-/Zahlungsfristen für die jeweiligen Erklärungen gelten und eine Liste der benötigten Informationen zugesandt?
- Werden Ihre Informationen, also diejenigen, die Sie der Beratungsgesellschaft zusenden, kritisch geprüft oder übernehmen die einfach nur alles? In dem Fall brauchen Sie eigentlich gar keine Beratungsgesellschaft, weil das kann jeder Hans und Franz.
- Werden also Ihre Informationen auf Richtigkeit und Angemessenheit hin überprüft und im Falle von Rückfragen, wird Ihnen dies zeitnah mitgeteilt?
- Werden Ihre USt.-Erklärungen auf Grundlage Ihrer Informationen angefertigt?
- Wird Ihnen eine geprüfte Ausarbeitungen mit einer Ausführungsbestätigung übersandt? Auf diese Weise können Sie sicherstellen, dass nur dass den Finanzbehörden zugesandt wird, was auch Sie für gut- und richtig befinden. Beim besten Willen können trotzdem Fehler passieren.
- Werden alle Routinefragen der Umsatzsteuerbehörden in Bezug auf die Einreichung Ihrer Erklärung oder Zahlung für Sie abgewickelt? Verantwortungsbewusst?

- Werden alle Ihnen zustehende Rückzahlungen nachgeforscht und Maßnahmen, die zur Sicherung Ihrer Erstattung notwendig sind ergriffen?
- Werden Ihnen in dem Fall alle entsprechenden Aktualisierungen zugesandt?
- Wie sieht es mit der Vertretung vor den lokalen Steuerbehörden im Fall von Prüfungen/Inspektionen aus? Wird das für Sie gemacht? Das kann von großer Bedeutung sein; denn Sie können ja nicht überall sein/überall kompetente Repräsentanten haben.

Internationale Umsatzsteuerberatung geben zu können ist komplexer als man denkt.

- Ist die Bearbeitung anfallender komplexer Anfragen der Steuerbehörden im Hinblick auf die USt.-Registrierung oder USt.-Erklärungen/andere Meldungen. Vertretung gegenüber lokalen Steuerbehörden im Falle von Prüfungen / Inspektionen teil Ihrer internationalen Umsatzsteuerberatungsleistungen, die Ihnen angeboten wird?
- Wird sichergestellt, dass alle Anfragen angemessen bearbeitet werden, d.h. durch einen Mitarbeiter mit dem Fachwissen und der Erfahrung, die zur Beantwortung erforderlich sind, sprich einem Experten?

Die Arbeit mit einer Umsatzsteuerberatungsgesellschaft sollte für Sie klar umrissen sein, so dass Sie sich von vornherein des Prozessablaufs sicher sind.

- Werden werden Ihnen also Länder und Erklärungsarten im Geltungsbereich bestätigt?
- Wissen Sie, wie die sich für Sie im Ausland um Ihre umsatzsteuerlichen Angelegenheiten kümmern?
- Wie sieht es mit Ihrem Verständnis des Status bestehender Registrierungen aus? Können Sie sich darauf verlassen, dass die das richtig machen?
- Haben Sie eine Vorstellung der ungefähren Anzahl der relevanten Ein- und Verkaufsrechnungen? Das Volumen kann eine Auswirkung auf den Preis haben.
- Werden frühere USt.-Erklärungen für die einzelnen Länder für Sie geprüft?
- Wie sieht es mit EDV-Anforderungen aus? Alles harmonisch?
- Sind Ihnen die Abläufe zur Beschaffung von Testdaten vor Vertragsabschluss vollkommen klar?

Wie Sie sehen gibt es bei der Auswahl einer Umsatzsteuerberatungsgesellschaft viel zu beachten. Primär wofür Sie eigentlich bezahlen. Bezahlen Siefür ein Ergebnis oder lediglich eine bestimmte Tätigkeit oder eine Ansammlung von womöglich noch nichteinmal vollständiger Tätigkeiten. Wird Ihnen Beratungszeit zusätzlich berechnet? Wenn ja, wie? Geht es um Zeit? Komplexität? Verfügt Ihre Umsatzsteuerberatungsgesellschaft über gewisse Kompetenzen selbst, muss aber andere selbst einkaufen? Das wird Ihnen aller Wahrscheinlichkeit nach erneut in Rechnung gestellt.

Schlusswort zum ersten Teil

Die Marktlandschaft der Umsatzteuerberatungsgesellschaften kann mit dem wilden Westen verglichen werden. Revolverhelden konnten in der Gegen umherreiten und hin-und-her schließen. Indianer hatten u.a. Medizinmänner, die meinten als Heiler agieren zu können, weil kein anderer es besser wusste. Der Einäugige ist der König unter den Blinden.

Bei der Auswahl einer Umsatzsteuerberatungsgesellschaft bietet sich den Unternehmen das breite Spektrum. Da gibt es die Billiganbieter, die manchmal gut aufgebaute Internetseiten haben, die viel versprechen. Dann gibt es die großen 4, die den gesamten Bauchladen an Steuerberatung anbieten. Ungerechtfertigterweise gehören sie damit häfig zu den Gewinnern, weil sich viele häfig sagen „die sind so groß, die wollen sich doch bestimmt nicht den Ruf verderben". Was KMUs bei diesem Denkvorgang außer Acht lassen ist, dass sich unzählige andere Versandhändler genau das Gleiche denken. Was meinen Sie, für wen eine Beratungsgesellschaft mehr Zeit erübrigt, für einen kleinen Kunden oder einen großen? Umsatzsteuerberatungsgesellschaften gehen auch kein Risiko ein. Was meinen Sie, wer bei einer Fehlberatung-, oder einer zu spät eingereichten Registrierungen haftet? Hat Ihnen Ihre Berattungsgesellschaft unterschrieben, dass sie im Falle einer Fehlberatung haftet? Mit Glück entschuldigt sich irgendwann einmal – 3 Wochen später? - jemand bei Ihnen und gibt zu, dass der Fehler nicht hätte vorkommen sollen. Bis dahin sind Sie bereits zu Strafen- und Strafzinszahlungen herangezogen worden.

Ein erfolgreiche Erzielung von Kosten- und Nutzentransparenz ist grundsätzlich anzustreben. Dies ist auch für die Berechnung der Umsatzsteuerbürde wichtig; denn im UStG ist Zeit in manchen Fällen ein Faktor, den es zu bedenken gilt. Damit besteht ein Zusammenhang mit Ihrem Bestreben, einen Anstieg der Nutzkosten und eine Verringerung der Leerkosten herbeizuführen. Auch dies wird in Teil 2 noch mehr thematisiert werden; denn Rentabilitätsoptimierung muss unter Berücksichtigung der Auswirkung Ihres Handels auf die umsatzsteuerlichen Konsequenzen errechnet werden.

Oberflächlich betrachtet ist eine Qualitätsverbesserung immer ein gutes Ziel. Das ist bestimmt auch richtig. Ein entsprechender Wertzuwachs hat allerdings auch umsatzsteuerliche Konsequenzen. Mit der Konzentration auf Kernkompetenzen geht eine Qualitätsverbesserung logisch einher.[2] Eine solche und/oder zugehörige Nebenleistungen rechtfertigen i.d.R. einen höheren Preis.[3] Dieser ist entsprechend der Preiselastizität der Nachfrage des nunmehr angesprochenen Marktsegmentes, zu etablieren. Wird ein hoher Qualitätsstandard seitens der Abnehmergruppe nicht/nicht ausreichend honoriert, so ist er nur beizubehalten, wenn das Rentabilitätsziel des Unternehmens dadurch nicht negativ beeinflußt wird.[4] Letzteres muss unter Berücksichtigung der umsatzsteuerlichen Konsequenzen- und Anforderungen berechnet werden; denn, wie in Teil 2 tiefer ausgeführt, sitzen Sie in manchen Fällen für bspw. 2 Jahre mit einer

---

[2] Vgl. hierzu sinngemäß Gabler Wirtschaftslexikon, Wiesbaden 1994, S. 996
[3] Vgl. hierzu Gabler Wirtschaftslexikon, Wiesbaden 1988, S. 2702
[4] Bsp.: außerordentlich günstiger Einkauf hochqualitativen Materials

bestimmten umsatzsteuerlichen Verpflichtung fest....können also nicht einfach so Kosten durch eine Produktions-/Verkaufsverminderung- oder sogar Marktausstieg vermeiden!

Eine gute Umsatzsteuerberatungsgesellschaft kann Sie kompetent bei der Hand nehmen. Wenn Sie es bisher gewohnt sind, hausinterne Kräfte mit diesen Aufgaben zu betrauen und daher normalerweise schnell eine Antwort erwarten können, wannimmer Sie Fragen haben, dann wird Ihnen der Machtverlust und Abhängigkeit nicht schmecken. Sobald Sie eine Auslagerung der Tätigkeiten durchführen, müssen Sie sich nach der zeitlichen Verfügbarkeit der entsprechenden Berater richten und sind von deren termnlichen Gegebenheiten abhängig. Sind Sie für die ein kleiner Fisch oder ein großer Fisch?...

Jedes Unternehmen ist externen und internen Risiken ausgesetzt. Dies gilt insbesondere für Unternehmen in der Marktwirtschaft; denn in dieser gilt es, stets mit der Bedrohung durch neue Anbieter und Ersatzprodukte sowie der Verhandlungsstärke der Lieferanten umzugehen. Deswegen ist es so wichtig, dass Sie Ihrer Umsatzsteuerberatungsgesellschaft mit Ihren Daten trauen können; denn sollten die Ihre Umsatzinformationen verschlampen, womöglich einem Konkurrenten aus Versehen zusenden, dann kann das für Sie negative Konsequenzen haben. Deswegen seien Sie sich der Berater sicher, denen Sie Ihre Daten anvertrauen.

Notizen

Notizen

Notizen

Notizen

Notizen

Notizen

Notizen

Notizen

Bitte schildern Sie gern Ihre Umsatzsteuerprobleme, mit denen Sie sich im Europäischen **Ausland** konfrontiert sehen. Bitte begrenzen Sie ihre Fragen auf den Handel mit **festen** Gütern.

Emails, deren Inhalt sich bspw. mit

1. Elektronischen Artikeln,
2. Dienstleistungen,
3. Autos oder
4. Immobilien (inkl. Vermietung usw.)

befasst, können leider nicht berücksichtigt werden.

Loeschconsulting@gmail.com

ISBN-13: 978-1547213535

ISBN-10: 1547213531

www.ingramcontent.com/pod-product-compliance
Lightning Source LLC
Chambersburg PA
CBHW051419170526
45165CB00004BA/1884